BEI GRIN MACHT SICH IHR WISSEN BEZAHLT

AF135543

- Wir veröffentlichen Ihre Hausarbeit,
  Bachelor- und Masterarbeit

- Ihr eigenes eBook und Buch -
  weltweit in allen wichtigen Shops

- Verdienen Sie an jedem Verkauf

Jetzt bei www.GRIN.com hochladen
und kostenlos publizieren

Bibliografische Information der Deutschen Nationalbibliothek:

Die Deutsche Bibliothek verzeichnet diese Publikation in der Deutschen National-
bibliografie; detaillierte bibliografische Daten sind im Internet über http://dnb.d-
nb.de/ abrufbar.

Dieses Werk sowie alle darin enthaltenen einzelnen Beiträge und Abbildungen
sind urheberrechtlich geschützt. Jede Verwertung, die nicht ausdrücklich vom
Urheberrechtsschutz zugelassen ist, bedarf der vorherigen Zustimmung des Verla-
ges. Das gilt insbesondere für Vervielfältigungen, Bearbeitungen, Übersetzungen,
Mikroverfilmungen, Auswertungen durch Datenbanken und für die Einspeicherung
und Verarbeitung in elektronische Systeme. Alle Rechte, auch die des auszugsweisen
Nachdrucks, der fotomechanischen Wiedergabe (einschließlich Mikrokopie) sowie
der Auswertung durch Datenbanken oder ähnliche Einrichtungen, vorbehalten.

Impressum:

Copyright © 2020 GRIN Verlag
Druck und Bindung: Books on Demand GmbH, Norderstedt Germany
ISBN: 9783346159885

Dieses Buch bei GRIN:

https://www.grin.com/document/541150

Riccarda Jung

Operationalisierung und Konzeption eines Fragebogens. Schriftliche und Online-Befragung. Der Chi-Quadrat-Test

GRIN Verlag

GRIN - Your knowledge has value

Der GRIN Verlag publiziert seit 1998 wissenschaftliche Arbeiten von Studenten, Hochschullehrern und anderen Akademikern als eBook und gedrucktes Buch. Die Verlagswebsite www.grin.com ist die ideale Plattform zur Veröffentlichung von Hausarbeiten, Abschlussarbeiten, wissenschaftlichen Aufsätzen, Dissertationen und Fachbüchern.

Besuchen Sie uns im Internet:

http://www.grin.com/

http://www.facebook.com/grincom

http://www.twitter.com/grin_com

Einsendeaufgabe

- **Operationalisierung und Konzeption eines Fragebogens**

- **Schriftliche und Online-Befragung**

- **Der Chi-Quadrat-Test**

SRH Fernhochschule

Modul:	Wissenschaftliches Arbeiten – Vertiefung II
Studiengang:	Wirtschaftspsychologie
Semester:	7. Semester
Thema:	Aufgabe A (Gültig bis: 31.12.2020)

von
Riccarda Jung

Inhaltsverzeichnis

Abbildungs- und Tabellenverzeichnis 4

1. A1...5

1.1. Fragebogenkonzeption..5

1.2. Operationalisierung ‚Interne Kommunikation' 9

1.3. Stichprobe und Durchführung...10

2. A2 – Online und schriftliche Befragung 13

2.1. Vor- und Nachteile...13

2.2. Höhere Rücklauf- und Teilnahmequote...15

3. A3..17

3.1. Statistischen Grundlagen 17

3.2. Einsatzgebiet Chi-Quadrat-Tests 19

3.3. Beispielberechnung in SPSS..21

3.4. Fazit Einsatz des Chi-2-Tests...24

Anlage: Fragebogen (A1)..25

Literaturverzeichnis...33

Abbildungs- und Tabellenverzeichnis

Abbildung 1 - Vor- und Nachteile schriftlicher Befragung, Quelle: eigene Darstellung..14

Abbildung 2 - Vor- und Nachteile von Online-Befragung, Quelle: eigene Darstellung..15

Abbildung 3 - Durchführung des Hypothesentests, Quelle: eigene Darstellung 18

Abbildung 4 - Formel Chi-Quadrat-Test, Quelle: Schäfer (2011), S. 148..........20

Abbildung 5 – Ausgangssituation: Tabelle in SPSS - Datenansicht, Quelle: eigene Darstellung..22

Abbildung 6 - Häufigkeitstabelle der Variablen Geschlecht und Berufsfeld in SPSS, Quelle: eigene Darstellung 22

Abbildung 7 - Kreuztabelle in SPSS, Quelle: eigene Darstellung....................23

Abbildung 8 - Chi-Quadrat-Tests in SPSS, Quelle: eigene Darstellung..........23

Tabelle 1 - Operationalisierung interne Kommunikation, Quelle: eigene Darstellung..10

1. A1

1.1. Fragebogenkonzeption

In diesem Abschnitt soll eine theoretische Grundlage zur Konzeption eines Fragebogens mit quantitativen Design geschaffen werden, um mit Hilfe dieses Wissens im Anschluss die Operationalisierung und Formulierung der Fragen durchführen zu können. Der fertig entwickelte Fragebogen kann im Anhang 1 nachgelesen werden.

Fragebogen-Fragen können nach ihrem Inhalt und ihrer Form unterschieden werden. Der **Frageninhalt** kann nach Einstellungen oder Meinungen, nach Überzeugungen oder Wertorientierungen, nach Wissen und Verhalten oder nach Merkmalen der Befragungsperson differenziert werden. Wichtiger ist jedoch die Form. Zur Formulierung von Fragebogen-Fragen, sollten die drei verschiedenen **Fragetypen bzw. Frageformen** geschlossene, halboffene und offene Frage bekannt sein. *Geschlossene Fragen* haben nur eine begrenzte Anzahl an Antwortmöglichkeiten bzw. -kategorien und definieren im Voraus die Anzahl der möglichen Ankreuzungen. Hierfür werden Kästchen für die Kreuze vorgegeben. Bei der Anzahl der zulässigen Antworten wird zwischen Einfachnennung und Mehrfachnennungen unterschieden. Ein Beispiel für eine Einfachnennung wäre die Frage ‚wie stark interessieren Sie sich für Politik?‘ mit den Antwortmöglichkeiten ‚sehr stark, stark, mittel, wenig oder überhaupt nicht‘. Ein Beispiel für eine Mehrfachnennung wäre die Frage ‚Welche der folgenden Geräte befindet sich in Ihrem Haushalt?‘ mit den Antwortmöglichkeiten ‚Waschmaschine, Spülmaschine, Küchenmaschine, Kaffeemaschine, Staubsauger und Bügeleisen‘. Ob eine Einfach- oder Mehrfachnennung vorliegt, darauf sollte die Befragungsperson schriftlich hingewiesen und durch unterschiedliche grafische Gestaltung zusätzlich drauf aufmerksam gemacht werden[2]. Sie können statistisch leicht ausgewertet werden, beinhalten aber die Gefahr, dass wichtige Informationen unter Umständen fehlen bzw. durch die befragte Person nicht benannt werden können. Zufallsantworten oder bewusste Falschbeantwortungen sind ebenfalls bei diesem Antwortformat nicht leicht zu erkennen[3]. Zudem

---

[2] Vgl. Porst (2014), S. 53 ff
[3] Vgl. Kauermann und Küchenhoff (2011), S. 52. f zitiert nach Hollenberg (2016), S. 12

tendieren die Befragten dazu, gleich die erste Antwortmöglichkeit anzukreuzen, oder die letzte, wenn die erste bereits wieder vergessen wurde[4]. Bei Skalen, die in einer Reihe liegen, wird tendenziell eher die links liegende Kategorie[5] und bei Ja-Nein-Antwortformaten im Zweifelsfall eher ‚Ja' angekreuzt[6]. Im Gegensatz zu geschlossenen Fragen haben *offene Fragen* keine Antwortmöglichkeiten. Ein Beispiel für eine offene Frage wäre z.B. ‚Welche berufliche Tätigkeit üben Sie aktuell aus? Bitte beschreiben Sie Ihre Tätigkeiten genau. '. Linien im Anschluss an die Frage signalisieren, im Gegensatz zu den Kästchen bei geschlossenen Fragen, direkt, dass die Befragungsperson die Antworten selbst hinschreiben soll. Hier antwortet der Befragt in seinen eigenen Worten[7] weshalb meistens eine höhere kognitive Eigenleistung des Befragten erfordert wird. Der Vorteil ist, dass durch die Freiheit des Inhalts und der Wortwahl der Antwort auch Aspekte berücksichtigt werden können, an welche bei der Konstruktion des Fragebogens noch nicht gedacht wurde und es wird vermieden den Befragten in seiner Antwort zu beeinflussen. Um diesen Vorteil zu nutzen, wird in dem in dieser Arbeit konzipierten Fragebogen am Schluss jeder der drei Kategorien eine offene Frage gestellt. Allerdings hängt die Qualität der Antworten und der späteren Ergebnisse deutlicher als bei geschlossenen Fragen von der Verbalisierungsfähigkeit und – bereitschaft der befragten Person ab. Der offene Fragentyp sollte genutzt werden, wenn eine Informationsgewinnung über einen Inhaltsbereich erfolgen soll, dessen ‚Antworthorizont' noch weitgehend unbekannt ist[8]. *Halboffene Fragen* sind oft das Ergebnis von Entscheidungsschwierigkeiten des Fragebogenentwicklers, kommen allerdings in der Praxis häufig vor. Typischerweise wird eine geschlossene Frage um ein weiteres Freitextfeld ergänzt (z.B. ‚sonstiges'). Die Frage ist geschlossen, wenn sich der Befragte in eine der vorgegebenen Antwortmöglichkeiten einordnen kann oder will. Ansonsten wird sie zu einer offenen Frage. Dieser Fragentyp wird dann genutzt, wenn alle möglichen Antworten auf Fragen zwar gut abschätzbar sind, aber nicht mit Sicherheit abschließend definiert werden können[9]. Da das Management in

---

[4] Vgl. Mummendey und Grau (2014), S. 94 zitiert nach Hollenberg (2016), S. 12
[5] Vgl. Kauermann und Küchenhoff (2011), S. 52. f zitiert nach Hollenberg (2016), S. 12
[6] Vgl. Franzen (2014), S. 706 zitiert nach Hollenberg (2016), S. 12
[7] Vgl. Porst (2014), S. 56
[8] Vgl. Züll und Menold (2014), S. 713 ff; Schnell (2012), S. 81 ff; Porst (2014), S. 56 f; Petersen (2014), S. 100 zitiert nach Hollenberg (2016), S. 12
[9] Vgl. Porst (2014), S. 57

diesem Beispiel die aktuelle interne Kommunikation verbessern aber auch um neue Möglichkeiten erweitern möchte, ist es sinnig auch Luft für neue, abweichende Vorschläge zu lassen. Daher wird in diesem Fragebogen hauptsächlich auf den halboffenen Fragentyp zurückgegriffen. In Bezug auf die demografischen Fragen werden allerdings ausschließlich geschlossene Fragen genutzt. Die Verwendung von integrierten Feedback-Frage innerhalb des Fragebogens ist für die Erhebung von Zufriedenheiten im ganzen Unternehmen geeignet[10].

In Bezug auf die **Formulierung** von Fragen formulierte Porst bereits in 2000 die ‚10 Gebote der Frageformulierung‘, die nun abgebildet werden sollen, um sie später bei der Fragenformulierung berücksichtigen zu können[11]:

1. Du sollst einfache, unzweideutige Begriffe verwenden, die von allen Befragten in gleicher Weise verstanden werden!
2. Du sollst lange und komplexe Fragen vermeiden!
3. Du sollst hypothetische Fragen vermeiden!
4. Du sollst doppelte Stimuli und Verneinungen vermeiden!
5. Du sollst Unterstellungen und suggestive Fragen vermeiden!
6. Du sollst Fragen vermeiden, die auf Informationen abzielen, über die viele Befragte mutmaßlich nicht verfügen!
7. Du sollst Fragen mit eindeutigen zeitlichen Bezug verwenden!
8. Du sollst Antwortkategorien verwenden, die erschöpfend und disjunkt (überschneidungsfrei) sind!
9. Du sollst sicherstellen, dass der Kontext einer Frage sich nicht (unkontrolliert) auf deren Beantwortung auswirkt!
10. Du sollst unklare Begriffe definieren!

Fragen werden im Grunde durch **Messen** beantwortet. Unter Messen wird eine regelhafte und kodifizierte Zuordnung von Symbolen oder Ziffern zu Aspekten oder Ausprägungen von Variablen verstanden[12]. Eine **Variable** beschreibt ein Merkmal bzw. Eigenschaft von Merkmalsträgern wie Personen, Gegenständen und Organisationen. Variablen sind z.B. Geschlecht, Alter, Einstellung, Gewicht,

---

[10] Vgl. Linke (2018), S. 125
[11] Porst (2014), S. 99
[12] Vgl. Porst (2014), S. 71 ff

Umsatz. Sie haben verschiedene Ausprägungen und können unterschiedliche Skalenniveaus besitzen[13]. Das Bezugssystem zum Messen wird als **Skala** bezeichnet. Skalen können unterschiedliche Skalenniveaus haben[14]. Es werden die Nominal-Skala, die Ordinal-Skala und die quantitativen Skalen die Intervall-Skala und die Ratio-Skala unterschieden. Zusammengefasst unterscheidet die Nominal-Skala Messwerte in gleich und ungleich, die Ordinal-Skala in größere und kleinere Messwerte, die Intervall-Skala in Abständen zwischen den Messwerten und die Ratio-Skala zwischen Messverhältnissen[15]. Bei einer **Nominal-Skala** werden unterschiedliche Ausprägungen mit gegenseitiger Ausschließlichkeit einer Variable, wie z.B. ‚Geschlecht', Ziffern oder Symbolen zugeordnet. Das heißt, entweder das eine oder das andere trifft zu. Die Antwort wäre hier entweder männlich, weiblich oder divers. Bei einer **Ordinal-Skala** stehen, im Gegensatz zur Nominal-Skala, die Ausprägungen der Variable in einer relationalen Beziehung zu einander. Die Merkmalausprägungen unterliegen einer Rangordnung. Ein Beispiel hierfür wäre die Frage ‚wie viel Wert legen Sie auf die morgendliche Zahnpflege?' mit den Ausprägungen ‚sehr viel Wert, viel Wert, wenig Wert und überhaupt keinen Wert'. Die Ordinal-Skala wird hauptsächlich in dem späteren Fragebogen in Anlage 1 verwendet. Die relationalen Eigenschaften der Ordinal-Skala gehen über die der **Intervall-Skala** hinaus, da die Abstände zwischen den Skalenpunkten gleich sind. Ein Beispiel hierfür ist die Temperaturskala in Grad Celsius. Eine solche Skala wird in der Sozialwissenschaft daher selten verwendet. In manchen Fällen wird eine 7 stellige Punkteskala mit links ‚trifft überhaupt nicht zu' und rechts ‚trifft völlig zu' anzutreffen. Die **Ratio-Skala** ist eine Intervall-Skala mit einem echten Skalennullpunkt. Anwendung findet diese z.B. bei Fragestellungen zum Netto-Einkommen in EUR, die Anzahl der Kinder unter 18 Jahren im Haushalt, die Dauer von Arbeitslosigkeit in Monaten oder die Anzahl im Jahr 2019 gelesenen Bücher[16].

Nicht nur die Fragengestaltung, sondern auch das **Layout** spielt eine Rolle. Es sollte weniger Informationen auf einer Seite sein, eine groß und gut lesbare

---

[13] Vgl. Schnell (2011), S. 122 zitiert nach Mayer (2013), S. 74
[14] Vgl. Porst (2014), S. 71 ff
[15] Vgl. Mayer (2013), S. 71
[16] Vgl. Porst (2014), S. 71 ff

Schrift und der Text sollte durch garfische Gestaltung strukturiert sein, sodass Fragen direkt voneinander abgrenzen zu sind[17]. Die **Titelseite** eines Fragebogens sollte Strukturmerkmale wie eine kurze Vorstellung des durchführenden Instituts und des Auftraggebers, eine sehr kurze Einführung in die Inhalte des Fragebogens (allgemeiner Überblick) oder den Titel der Befragung, ein ebenso knapper Hinweis auf das Stichprobenverfahren, ein dezenter **Hinweis** auf Anonymität und Datenschutz sowie als nette Geste der Dank für die Teilnahme vorab. Der Inhalt sollte keine falschen Erwartungen wecken, aber gleichzeitig neugierig machen und den Befragten ansprechen. Weiterhin sollte auch auf die Attraktivität und die Gestaltung der Titelseite geachtet werden. Beispielsweise kann ein Foto hierbei nützlich sein und hat sich bereits bestens bewährt. Auch der Ansprechpartner für eventuelle Rückfragen sollte hier bekannt gemacht werden[18]. Auch die **letzte Seite** sollte gestaltet werden. Der Fragebogen sollte nicht einfach aufhören, sondern mit einem Dankeschön an die Befragungsteilnehmer enden. Vor allem sollte hier aber nach einem abschließenden Feedback zur Umfrage gefragt werden. Die letzte Seite sollte tatsächlich eine separate Seite sein, damit der Befragte auch ernst nimmt, dass seine Meinung noch ernst genommen wird[19].

1.2. Operationalisierung ‚Interne Kommunikation'

Mit Hilfe von **Operationalisierung** werden Theorien bzw. theoretische Begriffe in Zusammenhänge in der realen Welt formuliert, denn die theoretischen Begriffe sind nicht direkt messbar. Daher müssen diese operationalisiert werden. Die Operationalisierung verbindet also die Realität mit der Theorie[20]. Die Theorie wird in Dimensionen, Kategorien und Indikatoren aufgeteilt. **Indikatoren** werden als

---

[17] Vgl. Porst (2014), S. 172 f
[18] Vgl. Porst (2014), S. 33 ff
[19] Vgl. Porst (2014), S. 160 ff
[20] Vgl. Schnell (2011), S. 121; Konegen und Sondergeld (1985), S. 148 zitiert nach Mayer (2013), S. 72

sichtbare Realisierungen der Variablen verstanden und helfen dabei ein Konstrukt, wie z.B. interne Kommunikation, zu operationalisieren[21]. In folgender Tabelle wird das Konzept der internen Kommunikation, beruhend auf den Ausführungen von Klein und Kollegen, operationalisiert.

Tabelle 1 - Operationalisierung interne Kommunikation, Quelle: eigene Darstellung

Dimension	Kategorie	Indikatoren	Operationalisierung/ Fragen
Management zu Mitarbeiter	Art der weitergegebenen Information	Offizielle Beschlüsse Ergebnisprotokolle	Welche Informationen werden vom Management weitergegeben?
	Weitergabe an alle Mitarbeiter	Mündliche Besprechungen Intranet Interne Zeitung Newsletter	Mit Hilfe welcher Kommunikationsinstrumente werden Informationen an alle Mitarbeiter weitergegeben?
	Weitergabe an einzelne Mitarbeiter	Bilaterale Gespräche E-Mail Rundschreiben über spezifische Verteiler	Mit Hilfe welcher Instrumente werden Informationen an einzelne Mitarbeiter weitergegeben?
Mitarbeiter zum Management	Institutionalisierter Austausch	Präsenz des Managements bei Veranstaltungen Regelmäßige Umfragen Feedback-Schleifen	Mit Hilfe welcher Instrumente findet ein Austausch statt?
	Eigeninitialsiertes Feedback	E-Mail Intranet Klassisches Betriebliches Vorschlagswesen	Mit Hilfe welcher Instrumente kann dem Management Feedback gegeben werden?
Bereichsübergreifende Kommunikation	Mit Aufgabenbezug	Datenbank Intranet Informationsmanagementsystem Meetings Besprechungen	Mit Hilfe welcher Instrumente werden aufgabenbezogene Inhalte ausgetauscht und kommuniziert?
	Mit mittelbarem Aufgabenbezug	Kaffee-Ecke Open-Space-Meetings	Wo können aufgabenbezogene sowie private Inhalte ausgetauscht werden?
	Ohne Aufgabenbezug	Unternehmensberichte Unternehmenszeitschrift	Mit Hilfe welcher Wege werden unternehmensbezogene Inhalte kommuniziert?

1.3.   Stichprobe und Durchführung

Der Fragebogen muss zuerst einmal, mit den im vorherigen Kapitel zusammengetragenen theoretischen Anforderungen entsprechend, erstellt werden. Im Anschluss sollte ein Pretest durchgeführt[22], also der Fragebogen

---

[21] Vgl. Mayer (2013), S. 75 f
[22] Vgl. Linke (2018), S. 124

sollte getestet werden. Die Teilnehmer am Pretest werden dazu ermuntert, den Fragebogen kritisch zu kommentieren. Hierbei soll es um die Prüfung der Verständlichkeit der Fragen, die Eindeutigkeit und Vollständigkeit der Antwortvorgaben sowie die Ermittlung der Befragungsdauer gehen[23]. Ein Pretest gibt aber auch Auskunft über die Reihenfolge der Fragen, Probleme mit der Aufgabenstellung, Interesse und Aufmerksamkeit der Befragten, technische Probleme beim Ausfüllen und Kontexteffekte. Ein Beispiel für einen Pretest ist ‚Think aloud'. Hier werden die Befragten aufgefordert werden des gesamten Fragebogens alles laut auszusprechen, was sie sich bei der Befragung denken[24]. Werden nach einem Pretest viele Veränderungen vorgenommen, muss ein weiterer Pretest gemacht werden[25]. Der Fragebogen muss nach dem Pretest programmiert und ein finaler Test des Fragebogens sollte durchgeführt werden[26].

Bei der quantitativen Stichprobenbildung steht die statistische Repräsentativität im Mittelpunkt. D.h. die ausgewählte Stichprobe sollte sich nicht zu sehr von der Grundgesamtheit unterscheiden, damit von der Stichprobe auf die Grundgesamtheit geschlossen werden kann[27]. Insgesamt sind 240 Mitarbeiter bei der XY GmbH in Deutschland festangestellt und zählen zu dem Stichprobenumfang. Eine Vollerhebung mit 100% Rücklaufquote funktioniert allerdings in den seltensten Fällen[28]. Allen Mitarbeitern wird die Gelegenheit zur Teilnahme an der Mitarbeiterbefragung gewährt. Auch wenn die Meinung aller Mitarbeiter gehört werden soll, sind einige nicht verfügbar aufgrund von Krankheit oder Urlaub. D.h. es kann von einer Beteiligungsrate von 94 bis 97% ausgegangen werden. Da es allerdings um eine innerbetriebliche Erhebung geht, ist ein Rückschluss auf die Population eher zweitrangig. Bei einer Mitarbeiterbefragung wird von einer Vollbefragung aller verfügbaren Mitarbeiter gesprochen. Die 174 Mitarbeiter mit einem eigenen E-Mail Zugang, werden die Mitarbeiterbefragung als Online-Befragung erhalten. Mitarbeiter die in dieser Zeit abwesend sind, können z.B. vorab ihre private E-Mail Adresse freiwillig zur Verfügung stellen. Allerdings soll nicht aktiv um Teilnahme gebeten werden, da

---

[23] Vgl. Diekmann (2000), S. 415 f zitiert nach Mayer (2013), S. 99
[24] Vgl. Porst (2014), S. 191 ff
[25] Vgl. Diekmann (2000), S. 415 f zitiert nach Mayer (2013), S. 99
[26] Vgl. Linke (2018), S. 124
[27] Vgl. Flick (2000), S. 57 f
[28] Vgl. Hollenberg (2016), S. 24

dies schädlich sein kann[29]. 66 Produktionsmitarbeiter haben keinen eigenen E-Mail Zugang und werden daher die Umfrage in Papierform über ihre Vorgesetzten ausgeteilt bekommen. Die Umfrage wird dann in Umschlägen in einer Wahlurne im Pausenraum der Produktion gesammelt.

---

[29] Vgl. Linke (2018), S. 56

2. A2 – Online und schriftliche Befragung

2.1. Vor- und Nachteile

Bei einer **schriftlichen Befragung** bzw. postalischen Befragung sollte die Zahl der Ausfälle bei der Rücksendung der ausgefüllten Umfrageformulare gering gehalten werden, indem die Rücksendung möglichst einfach gestaltet wird. Hierfür sollte ein beschrifteter und frankierter Umschlag beigefügt und eine Rücksendefrist festgelegt bzw. kommuniziert werden. Nach Ablauf der Frist ist es meistens nötig eine Erinnerung zur Abgabe bzw. Motivation zur Teilnahme rauszuschicken[30]. Insgesamt ist die schriftliche Befragung kostengünstiger als ein mündliches Interview. Sie kann in kürzerer Zeit und mit weniger Personlaufwand durchgeführt werden und erreicht damit eine größere Anzahl von potentiellen Teilnehmern[31]. Leider ist die **Rücklaufquote** hier gering. Sie liegt bei nur bei 15 bis 60% und sehr geringe Rücklaufquoten stellen die Repräsentativität der Untersuchung in Frage[32]. Methodische und inhaltliche Vorteile sind, dass Interviewerfehler vermieden werden und ehrliche Antworten sowie überlegte Antworten, da mehr Zeit zum Ausfüllen da ist, erzielt werden[33]. Allerdings ist auch die **Befragungssituation auch nicht** durch einen Interviewer **kontrollierbar**. So besteht die Gefahr, dass der Fragebogen nicht von der befragten Person sondern von einer anderen Person ausgefüllt wird, dass der Befragte von anderen Personen beeinflusst wird und einzelne Fragen unvollständig oder gar nicht ausgefüllt werden. Zudem kann der Befragte den vollständigen Fragebogen gleich zu Beginn sichten und sich einen Überblick verschaffen, was einen Halo-Effekt auslösen kann. Daher ist der Fragebogen sorgfältig zu konstruieren[34].

---

[30] Vgl. Mayer (2013), S. 99 f
[31] Vgl. Atteslander (1991), S. 167 zitiert nach Mayer (2013), S. 101
[32] Vgl. Berekhoven (1999), S. 113 zitiert nach Mayer (2013), S. 101
[33] Vgl. Schnell (2011), S. 351 zitiert nach Mayer (2013), S. 101
[34] Vlg. Schnell (2011), S. 353 f zitiert nach Mayer (2013), S. 101

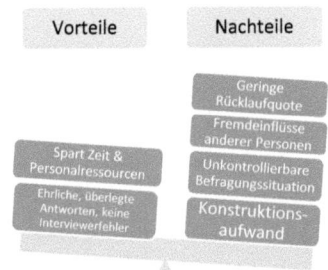

Abbildung 1 - Vor- und Nachteile schriftlicher Befragung, Quelle: eigene Darstellung[35]

Online-Befragungen, bzw. schriftliche Befragungen die über das Internet bzw. über einen Web-Server erstellt und online verteilt werden, nehmen immer mehr an Bedeutung zu. Sie sind ebenfalls kostengünstig und haben wesentlich kürzere Durchführungszeiten und sind schneller zu realisieren als andere Interviewmethoden[36]. Bei Online-Befragungen sind verschiedene Gestaltungsoptionen wie z.B. Einleitungsschreiben, Bearbeitungshinweise und Danksagung zum Schluss möglich. Auch die Gliederung in Abschnitte und das grafische Design sowie Layout kann einfach angepasst werden[37]. Vor allem wenn die Online-Befragung als Mitarbeiterbefragung innerhalb eines Unternehmens genutzt wird und alle Email-Adresse für den Versand der Umfrage vorhanden sind, kann viel Zeit und Aufwand gespart werden. Die Befragten können orts- und zeitunabhängig an der Umfrage teilnehmen und die Ergebnisse sind sofort über Server für den Interviewer sichtbar. Auch geografisch verstreute Zielgruppen können einfach und schnell befragt werden. Auch hier entfällt der Interviewereinfluss[38]. Nachteilhaft ist allerdings, dass ältere Zielgruppen mit der Online-Befragung weiterhin über das Internet schwer zu erreichen sind. Zudem empfinden diese aufgrund der einfachen Datenverknüpfung ihre Anonymität und Datenschutz gefährdet. Weiterhin ist auch hier aufgrund von hohen Interviewabbrüchen ebenfalls die Rücklaufquote problematisch. Dies wird versucht durch finanzielle Anreize zu umgehen.

---

[35] Vgl. Mayer (2013), S. 100 f
[36] Vgl. Schnell (2011), S. 369 zitiert nach Mayer (2013), S. 104
[37] Vgl. Welker (2005), S. 89 ff zitiert nach Mayer (2013), S. 104 f
[38] Vgl. Pötschke (2009), S. 75 ff zitiert nach Mayer (2013), S. 105

Allerdings ist hier sicherzustellen, dass jeder Link nur einmal genutzt werden kann[39].

Abbildung 2 - Vor- und Nachteile von Online-Befragung, Quelle: eigene Darstellung[40]

Werden die Vor- und Nachteile beider Befragungsarten in Bezug auf die Mitarbeiterbefragung innerhalb eines Unternehmens betrachtet können folgende Vorteile festgemacht werden: höhere Mitarbeiterproduktivität, geringer Krankenstand, Fluktuation und Arbeitsunfälle, Frühwarnsystem, Messung von Führungsqualität und Innovationsfähigkeit. Als Nachteile bzw. Risiken können Misstrauen und Unzufriedenheit aufgrund enttäuschter Erwartungen oder Ängste und Abhängigkeit von Mitarbeitern und Führungskraft sein[41].

2.2.   Höhere Rücklauf- und Teilnahmequote

Die Messung der Einstellung von Mitarbeitern und Führungskräften gegenüber einer Mitarbeiterbefragung ist die Grundlage für Maßnahmen zur Erhöhung der Motivation an der Befragung teilzunehmen und den Nachfolgeprozess aktiv zu unterstützen. Eine positive Einstellung zur Mitarbeiterbefragung erhöht also die

---

[39] Vgl. Sassenberg und Kreutz (1999), S. 61 ff; Welker (2005), S. 81 zitiert nach Mayer (2013), S. 105
[40] Vgl. Mayer (2013), S. 104 f
[41] Vgl. Linke (2018), S. 15

Beteiligungsrate bzw. Teilnahmequote der Mitarbeiter und Führungskräfte. Aber auch die Qualität der Antworten sowie die des Nachfolgeprozesses sind von einer positiven Einstellung abhängig. Nur wenn Mitarbeiter und Führungskräfte mit einem positiven Gefühl ihre Meinung teilen und in den Nachfolgeprozess gehen, kann die Mitarbeiterbefragung ihre ganze Wirksamkeit entfalten[42]. Von besonderer Bedeutung, um Mitarbeiter zur Teilnahme zu aktivieren, ist die Kommunikation. Es sollte im Voraus sachlich sowie emotional über die Ziele und Inhalte informiert werden. Das Kommunikationsziel ist entsprechend, dass sich möglichst viele Mitarbeiter mit den Zielen der Mitarbeiterbefragung identifizieren[43]. Weiterhin ist es wichtig, dass die befragte Person den Sinn des Fragebogens erfassen kann. Warum sonst sollte sich der Befragte die Mühe machen den Fragebogen zu beantworten, wenn nicht jede Frage sinnvoll erscheint[44]. Um die Motivation zum Ausfüllen eines Fragebogens zu erklären, vorherzusagen und bewerten zu können, eignet sich das ‚Erwartungs-mal-Wert-Modell'[45]. Die Stärke der Motivation hängt dabei davon ab, welche Bedeutung die befragte Person dem Ausfüllen und der Verwendung der Ergebnisse zumisst (Wert), welche Kosten bzw. Aufwand für die Person beim Ausfüllen entsteht und ob sie die subjektive Einschätzung hat, dass mit dem Ausfüllen ein bestimmtes Ziel erreicht werden kann (Erwartung). Bei dem Punkt Erwartung, wird dann wieder die eben angesprochene positive Einstellung relevant. Insgesamt sollte also darauf Wert gelegt werden, dass aufgrund der Ergebnisse auch tatsächlich Veränderungen stattfinden und Versprechen eingehalten werden, damit sich ein Sinn für den Befragten ergibt. Daher sind die meisten Maßnahmen, die vorab zu treffen sind, kommunikativer und informativer Art[46].

---

[42] Vgl. Linke (2018), S. 125
[43] Vgl. Linke (2018), S. 57
[44] Vgl. Porst (2014), S. 25
[45] Vgl. Mayer (2013), S. 32
[46] Vgl. Hlawatsch und Krickl (2014), S. 305 ff zitiert nach Hollenberg (2016), S. 1

3. A3

3.1.   Statistischen Grundlagen

Annahmen oder Vermutungen über die Realität werden **Hypothesen** genannt. Hypothesen werden vor der Untersuchung einer Stichprobe gebildet. Die Untersuchung der Hypothesen wird dann wiederum durch die Stichprobe durchgeführt[47]. Bei **statistischen Hypothesentests** müssen die inhaltlichen Hypothesen in statistische Formulierungen überführt werden, die Aussagen über Populationsparameter machen[48]. Wichtig zu wissen ist, dass ein Hypothesentest keine Wahrheiten, nicht einmal Wahrscheinlichkeiten, über die Hypothese liefert, sondern lediglich eine Entscheidungsregel beschreibt, anhand derer die Verträglichkeit der Beobachtungen mit der Nullhypothese klassifiziert werden kann. Die Wahl des Signifikanzniveaus *Alpha* ist bei Hypothesentests willkürlich. Daher wird in der Praxis meistens der sogenannte P-Wert, eine Statistik, bestimmt[49]. Statistische Hypothesen können als Unterschieds- oder Zusammenhangshypothese formuliert werden und können gerichtet oder ungerichtet sein. Hierfür wird das Beispiel einer Fabrik gewählt, in welcher die Mitarbeiter Zigarren drehen. **Unterschiedshypothesen** formulieren einen Unterschied zwischen zwei oder mehreren Bedingungen. Entsprechend wäre für das eben genannte Beispiel die Unterschiedshypothese: Unter Tages- und Kunstlicht werden unterschiedlich viele Zigarren in einer Stunde gedreht[50]. Die **Zusammenhangshypothese** bezieht sich hingegen auf den Zusammenhang zweier Variablen. Mit diesem Zusammenhang ist i.d.R. eine Korrelation gemeint[51]. Die Zusammenhangshypothese würde dann lauten: Je mehr Erfahrung eine Person im Zigarrendrehen hat, desto mehr Zigarren kann sie in einer Stunde drehen. Wenn es keine begründete Annahme über die Richtung des Unterschieds oder des Zusammenhangs gibt, werden **ungerichtete Hypothesen** formuliert. Die eben genannte Unterschiedshypothese war eine

---

[47] Vgl. Budischewski und Ornau (2016), S. 28
[48] Vgl. Janczyk und Pfister (2015), S. 33 ff
[49] Vgl. Messer und Schneider (2019), S. 99 ff
[50] Vgl. Janczyk und Pfister (2015), S. 33 ff
[51] Vgl. Schäfer (2011), S. 38

ungerichtete Hypothese. Hier wird nicht vorhergesagt, unter welcher Lichtbedingung die Leistung der Person besser ist. Würde es eine theoretisch fundierte Annahme darüber geben, welche Lichtbedingung die bessere ist, würde die **gerichtete Hypothese** folgend formuliert werden: Es werden bei Tageslicht mehr Zigarren in einer Stunde gedreht als bei Kunstlicht. Weiterhin ist noch zwischen Null- und Alternativhypothese zu unterscheiden. Ausgangspunkt jedes Hypothesentests ist die Formulierung eines solchen Hypothesenpaars. Es werden die Hypothesen über Populationsparameter aufgestellt, da i.d.R. nicht die Stichprobe sondern die dahinter stehende Population von Interesse ist. Hierfür wird wieder die ungerichtete bzw. Unterschiedshypothese als Beispiel genutzt: Die Menge der in einer Stunde gedrehten Zigarren unterscheidet sich zwischen Tages- und Kunstlicht. Dies ist die sogenannte **Alternativhypothese H_1.** Der Alternativhypothese, die von einem Unterschied ausgeht, wird die **Nullhypothese H_0** gegenübergestellt[52]. Die Nullhypothese entspricht also nicht den angenommenen Erwartungen und soll falsifiziert bzw. widerlegt werden. Die Alternativhypothese beschreibt die Sachverhalte und entspricht den angenommenen Erwartungen. Diese kann nicht direkt verifiziert werden[53]. Die Alternativhypothese kann angenommen werden, wenn die Nullhypothese widerlegt werden konnte. Dies Nullhypothese behauptet also das Gegenteil: Es besteht kein Unterschied bei der Menge der in einer Stunde gedrehten Zigarren zwischen Tages- und Kunstlicht[54]. Folgend wird die **Durchführung des Hypothesentests** kurz grafisch dargestellt:

Abbildung 3 - Durchführung des Hypothesentests, Quelle: eigene Darstellung[55]

---

[52] Vgl. Janczyk und Pfister (2015), S. 33 ff
[53] Vgl. Budischewski und Ornau (2016), S. 28
[54] Vgl. Janczyk und Pfister (2015), S. 33 ff
[55] Vgl. Budischewski und Ornau (2016), S. 29

Die Frage, wie man einen empirisch gefundenen Mittelwertunterschied oder Zusammenhang auf die Population verallgemeinern kann, zu beantworten und das Risiko, dass die Effekte in einer Stichprobe nur durch Zufall zustande gekommen und somit nicht auf die Population übertragbar sind, auszuschließen, können z.B. von Signifikanztests durchgeführt werden[56]. Der **Signifikanztest** wird bei der Überprüfung von Unterschiedshypothesen bei zwei unabhängigen Stichproben verwendet. Ein Signifikanztest liefert nur einen indirekten Wert, auf dem die Entscheidung für eine der beiden statistischen Hypothesen beruht. Ein Signifikanztest erlaubt keine präzisen Aussagen über die Wahrscheinlichkeit der Gültigkeit beider Hypothesen[57], sondern dient als Entscheidungshilfe zwischen beiden Hypothesen[58].

3.2. Einsatzgebiet Chi-Quadrat-Tests

Das Überprüfen einer Verteilungshypothese über ein beliebig skaliertes Erhebungsmerkmal ist für ein nominales Merkmal stark eingeschränkt. Welche Fragestellung könnte also in einer nominalen Verteilungsanalyse sinnvoll sein? Beispielsweise könnte mit Hilfe eines geeigneten Tests, wie dem Chi-Quadrat-Anpassungstest, überprüft werden, ob aufgrund einer Zufallsstichprobe für die Ausprägungen eines nominalen Merkmals in der zugehörigen statistischen Grundgesamtheit eine diskrete Gleichverteilung angenommen werden kann[59]. Bei Nominaldaten kann lediglich geprüft werden, ob eine empirische Verteilung, die in einer Studie gefunden wurde, einer theoretisch zu erwartenden Verteilung entspricht. Der Begriff Verteilung meint nicht die Stichprobenverteilung, sondern die Häufigkeitsverteilung. Um zu untersuchen wie gut eine empirische bzw. beobachtete und eine theoretische bzw. erwartete Verteilung bzw. Häufigkeit zusammenpassen, wird der Anpassungstest verwendet. Der häufigere Ausdruck

---

[56] Vgl. Schäfer (2011), S. 38
[57] Vgl. Janczyk und Pfister (2015), S. 35 ff
[58] Vgl. Schäfer (2011), S. 55
[59] Vgl. Eckstein (2016), S. 72

hierfür ist der Chi-Quadrat-Test bzw. Chi²-Test. Die Prüfgröße x^2 folgt einer bestimmten x^2-Verteilung. Folgende Formel wird angewendet, um eine empirische Häufigkeit mit einer theoretisch zu erwartenden Verteilung zu vergleichen:[60]

$$\chi^2 = \sum \frac{(f_b - f_e)^2}{f_e}$$

Abbildung 4 - Formel Chi-Quadrat-Test, Quelle: Schäfer (2011), S. 148

Der Wert f_b steht in der Formel für die beobachtete Häufigkeit und f_e für die erwartete Häufigkeit, die sich aus theoretischen Überlegungen ergeben. Die erwartete Häufigkeit stellt bei dem Chi-Quadrat-Test die Nullhypothese dar. Die Nullhypothese wird getestet, indem die Differenz der beobachteten und der erwarteten Werte gebildet wird. Die zu erwartende Häufigkeit ist in vielen Fällen eine Gleichverteilung, wie z.B. beim Würfeln erwartet werden kann. Die theoretische Verteilung kann sich allerdings auch aus theoretischen Überlegungen oder praktischen Erfahrungen ergeben. Soll untersucht werden, ob ein bestimmter Liebesroman signifikant häufiger von Frauen als von Männern gekauft wurde, dann kann keine Gleichverteilung vorausgesetzt werden. Denn Liebesromane werden generell eher von Frauen als von Männern gekauft. Diese generelle Häufigkeit entspricht etwa 70% zu 30%, weshalb dies als erwartete Häufigkeit verwendet werden sollte[61]. Weiterhin kann der Chi-Quadrat-Test genutzt werden, um zu untersuchen, ob die beobachteten Daten einer Normalverteilung folgen oder nicht. Hier testet der Anpassungstest dann, ob die Häufigkeitsverteilung signifikant von einer Normalverteilung abweicht[62].

Von dem Chi-Quadrat-Anpassungstest ist noch der Chi-Quadrat-Unabhängigkeitstest abzugrenzen. Um für zwei oder mehrere kategoriale Erhebungsmerkmale mit wenigen sich wohl voneinander unterscheidenden Ausprägungen statistisch zu überprüfen, ob die Erhebungsmerkmale voneinander als unabhängig oder abhängig anzusehen sind, ist der Chi-Quadrat-Unabhängigkeitstest sinnvoll. Beispielsweise könnte mit Hilfe dieses Tests und

---

[60] Vgl. Schäfer (2011), S. 148
[61] Vgl. Schäfer (2011), S. 149
[62] Vgl. Schäfer (2016), S. 248

eines vorab vereinbarten Signifikanzniveaus von Alpha 0,05 bzw. der Irrtumswahrscheinlichkeit von 0,05 eine Unabhängigkeitshypothese überprüft werden. Beispielsweise könnte so überprüft werden, ob mit einer Irrtumswahrscheinlichkeit von 0,05 davon ausgegangen werden kann, dass in der Grundgesamtheit aller deutschen Studenten zwischen der Einstellung zur Frei-Kröper-Kultur und der Religionszugehörigkeit eine statistische Kontingenz besteht und dass die beiden nominalen Erhebungsmerkmale statistisch nicht voneinander unabhängig sind[63].

3.3. Beispielberechnung in SPSS

Das folgende fiktive Beispiel soll andeuten, dass Frauen mit einem Wirtschaftspsychologie Studium eher in dem Berufsfeld ‚Human Resources' (28 Frauen) arbeiten, als in einem anderen Berufsfeld (17 Frauen). Männer mit einem Wirtschaftspsychologie Studium hingegen würden eher in einem anderen Berufsfeld arbeiten (14 Männer), als in dem Berufsfeld ‚Human Resources' (6 Männer). Um zu untersuchen, ob ein statistisch signifikanter Unterschied zwischen den erwarteten und den fiktiv beobachteten Anzahlen der beiden Variablen ‚Berufsfeld' und ‚Geschlecht' festzustellen ist, wird mithilfe von SPSS der Chi-Quadrat-Test angewendet[64].

Folgende Nullhypothese und Alternativhypothese[65] sollen entsprechend überprüft werden:

- **H0:** Es gibt keinen statistisch signifikanten Unterschied zwischen der beobachteten und der erwarteten Häufigkeit bzw. Anzahl der Variablen ‚Geschlecht' und ‚Berufsfeld'.
- **H1:** Es gibt einen statistisch signifikanten Unterschied zwischen der beobachteten und der erwarteten Häufigkeit bzw. Anzahl der Variablen ‚Geschlecht' und ‚Berufsfeld'.

---

[63] Vgl. Eckstein (2016), S. 168 ff
[64] Vgl. Statistik am PC (2017), S. 31
[65] Vgl. Eckstein (2016), S. 73

Die in dieser Tabelle aufgezeigten fiktiv beobachteten Zahlen werden in SPS übertragen. Folgend wird die Darstellung der Schritte von der Datenumcodierung bis hin zur Durchführung des Chi-Quadrat-Tests in SPSS mithilfe von Screenshots und Beschreibungen dargestellt[66]. Im ersten Schritt müssen die Variablen und die alten in neue Werte (von z.B. ‚Frau' in ‚1' oder ‚Human Resources' in '1') des fiktiven Beispiels über das Feld ‚Transformieren' und ‚Umcodieren in andere Variablen' umcodiert werden.

Abbildung 5 – Ausgangssituation: Tabelle in SPSS - Datenansicht, Quelle: eigene Darstellung

Um die Häufigkeit der neuen Variablen ‚Geschlecht', und ‚Berufswahl' (Abbildung 5) angezeigt zu bekommen, wird das Feld ‚Analysieren', ‚deskriptive Statistiken' und ‚Häufigkeiten' genutzt. Um die Häufigkeit der beiden Variablen mit der fiktiv beobachteten Anzahl zu multiplizieren, müssen die ‚Fälle gewichtet' werden. Hierfür wird als Häufigkeitsvariable die Variable ‚Anzahl' über das Feld ‚Daten' hinzugefügt. SPSS zeigt nun in einem neuen Fenster die Häufigkeitstabelle an. Abbildung 7 zeigt, wie viele ‚Frauen' sowie ‚Männer' und wie viele ‚Human Resources' sowie ‚andere Berufsfelder' vorkommen.

Häufigkeitstabelle

Geschlecht

		Häufigkeit	Prozent	Gültige Prozente	Kumulierte Prozente
Gültig	1,00	45	69,2	69,2	69,2
	2,00	20	30,8	30,8	100,0
	Gesamt	65	100,0	100,0	

Berufsfeld

		Häufigkeit	Prozent	Gültige Prozente	Kumulierte Prozente
Gültig	1,00	34	52,3	52,3	52,3
	2,00	31	47,7	47,7	100,0
	Gesamt	65	100,0	100,0	

Abbildung 6 - Häufigkeitstabelle der Variablen Geschlecht und Berufsfeld in SPSS, Quelle: eigene Darstellung

---

[66] Vgl. Statistik am PC (2017)

Im nächsten Schritt wird die Kreuztabelle genutzt. Hierfür werden die Felder ‚Analysieren' und ‚Deskriptive Statistiken' benötigt. Für die Zeilen wird die Variable ‚Geschlecht' und für die Spalten die Variable ‚Berufsfeld' hinzugefügt. Über das Feld ‚Zellen' wird der Haken zusätzlich bei ‚erwartet' gesetzt, um die beobachteten mit den erwarteten Zahlen vergleichen zu können.

Geschlecht * Berufsfeld Kreuztabelle

			Berufsfeld 1,00	2,00	Gesamt
Geschlecht	1,00	Anzahl	28	17	45
		Erwartete Anzahl	23,5	21,5	45,0
	2,00	Anzahl	6	14	20
		Erwartete Anzahl	10,5	9,5	20,0
Gesamt		Anzahl	34	31	65
		Erwartete Anzahl	34,0	31,0	65,0

Abbildung 7 - Kreuztabelle in SPSS, Quelle: eigene Darstellung

Mit den nun berechneten erwarteten Anzahlen (Abbildung 10) kann nun im nächsten Schritt der Chi-Quadrat-Test in SPSS durchgeführt werden. Mithilfe des Chi-Quadrat-Tests werden nun die Nullhypothese und Alternativhypothese überprüft. Über das Feld ‚Kreuztabellen' und ‚Statistiken' kann nun mit einem Haken die Statistik ‚Chi-Quadrat' ausgewählt werden.

Chi-Quadrat-Tests

	Wert	df	Asymptotische Signifikanz (zweiseitig)	Exakte Signifikanz (2-seitig)	Exakte Signifikanz (1-seitig)
Chi-Quadrat nach Pearson	5,763[a]	1	,016		
Kontinuitätskorrektur[b]	4,543	1	,033		
Likelihood-Quotient	5,869	1	,015		
Exakter Test nach Fisher				,030	,016
Zusammenhang linear-mit-linear	5,674	1	,017		
Anzahl der gültigen Fälle	65				

a. 0 Zellen (0,0%) haben eine erwartete Häufigkeit kleiner 5. Die minimale erwartete Häufigkeit ist 9,54.

b. Wird nur für eine 2x2-Tabelle berechnet

Abbildung 8 - Chi-Quadrat-Tests in SPSS, Quelle: eigene Darstellung

Für die Hypothesenüberprüfung zwischen der erwarteten und der beobachteten Häufigkeit, reicht es die oberste Spalte des Chi-Quadrat-Tests in SPSS zu betrachten (Abbildung 11)[67]. Hier ist der Wert ‚Asymptotische Signifikanz

---

[67] Vgl. Budischewski (2013), S. 31

(zweiseitig)' anzuschauen. Der Wert von 0,016 liegt deutlich unter dem Irrtumswahrscheinlichkeitswert von 0,05. In diesem Fall kann die Hypothese-0, das es keinen statistisch signifikanten Unterschied zwischen der beobachteten und der erwarteten Häufigkeit gibt, verworfen werden. Somit wird die Hypothese 1, das es einen statistisch signifikanten Unterschied gibt, angenommen[68]. Es kann von einem signifikanten Ergebnis gesprochen werden. Die Abweichung zwischen beobachteten und erwarteten Werten ist signifikant groß, dass es kein Zufall mehr ist, sondern eine Systematik dahinter stecken muss[69], dass Frauen mit einem Wirtschaftspsychologie Studium eher in das Berufsfeld Human Resources als in ein anderes und dass Männer mit dem gleichen Studium eher in ein anderes Berufsfeld gehen, als in den Bereich Human Resources.

3.4.   Fazit Einsatz des Chi-2-Tests

Wichtig zu wissen ist, dass ein Hypothesentest allgemein bereits keine Wahrheiten, nicht einmal Wahrscheinlichkeiten, über die Hypothese liefert, sondern lediglich eine Entscheidungsregel beschreibt, anhand derer die Verträglichkeit der Beobachtungen mit der Nullhypothese klassifiziert werden kann[70]. Zusammenfassend ist festzuhalten, dass mit Nominaldaten lediglich geprüft werden kann, ob eine empirische Verteilung, die in einer Studie gefunden wurde, einer theoretisch zu erwartenden Verteilung entspricht[71]. Die Aussage über einen statistisch signifikanten Unterschied bezieht sich allerdings nur auf den Unterschied zwischen der erwarteten und der beobachteten Häufigkeit bzw. Anzahl. Entsprechend nutzt der Chi-Quadrat-Test nur dann etwas, wenn überprüft werden will, ob das Ergebnis beispielsweise überraschend, unerwartet oder abweichend ist.

---

[68] Vgl. Statistik am PC (2017)
[69] Vgl. Budischewski (2013), S. 31
[70] Vgl. Messer und Schneider (2019), S. 99 ff
[71] Vgl. Schäfer (2016), S. 247

Anlage: Fragebogen (A1)

MITARBEITERBEFRAGUNG ZUR INTERNEN KOMMUNIKATION

Sehr geehrte Mitarbeiter und Mitarbeiterinnen,

im Rahmen einer Mitarbeiterbefragung möchten wir die Kommunikation in unserem Unternehmen erforschen, um diese weiter ausbauen und verbessern zu können. Daher haben wir in enger Zusammenarbeit mit dem Betriebsrat und dem Management einen Fragebogen für Sie entworfen.

Bitte blicken Sie hierfür auf die interne Kommunikation innerhalb unseres Unternehmens zurück. Es gibt keine richtigen oder falschen Antworten. Es geht um ihre selektive Einschätzung. Bitte antworten Sie daher spontan und kreuzen jeweils nur ein Kästchen an.

Wir wissen, dass Sie nur mit guten Gewissen an dieser Befragung teilnehmen können, wenn Sie sich um den Schutz Ihrer Daten sicher sein können. Daher möchten wir Ihnen hiermit noch einmal ausdrücklich versichern, dass Ihre Antworten anonymisiert sind, vertraulich behandelt und nur für den o.g. Zweck ausgewertet werden.

Jede Meinung zählt, daher freuen wir uns auf Ihre Meinung und das damit an uns gesendete Feedback. Durch die Teilnahme an dieser Befragung nehmen Sie aktiv an der Gestaltung und Verbesserung des Unternehmens teil.

Wir danken Ihnen für Ihre Zeit und Engagement. Bei Rückfragen können Sie sich gerne jederzeit an uns wenden.

Beste Grüße,
Ihre Personalabteilung

Foto: Quelle[72]

---

[72] Unsplash.com

Um Ihre Antworten auswerten zu können, benötigen wir zu Beginn nur ein paar wenige demografische Angaben von Ihnen. Die Anonymität Ihrer Antworten ist weiterhin sichergestellt. Bitte vergeben Sie je Frage nur ein Kreuz.

Wie ist Ihr Geschlecht?

☐ männlich ☐ weiblich ☐ divers ☐ keine Angabe

Wie lange sind Sie bereits in unserem Unternehmen beschäftigt?

☐ < 1 Jahr ☐ 1-5 Jahre ☐ 5-10 Jahre ☐ > 10 Jahre ☐ keine Angabe

In welchem Bereich sind Sie aktuell tätig?

☐ Production
☐ Marketing
☐ Sales
☐ Technology
☐ Commercial Services
☐ Keine Angabe

Zuerst geht es um die Kommunikationswege und –instrumente sowie Informationsarten, **die das Management nutzt**, um Informationen **an Sie als Mitarbeiter weiterzugeben.** Bitte kreuzen Sie nur ein Kästchen an. Bitte vergeben Sie je Kategorie (a,b,c, etc.) nur ein Kreuz.

1.) Welche Informationen werden vom Management an die Mitarbeiter weitergegeben?

a. Offizielle Beschlüsse

☐ Oft ☐ manchmal ☐ selten ☐ nie

b. Ergebnisprotokolle

☐ Oft ☐ manchmal ☐ selten ☐ nie

c. *Andere (optional):* _____

☐ Oft ☐ manchmal ☐ selten ☐ nie

2.) Mit Hilfe welcher Instrumente werden Informationen an alle Mitarbeiter weitergegeben?

a. Mündliche Besprechungen

☐ Oft ☐ manchmal ☐ selten ☐ nie

b. Intranet

☐ Oft ☐ manchmal ☐ selten ☐ nie

c. Interne Zeitung

☐ Oft ☐ manchmal ☐ selten ☐ nie

d. Newsletter

☐ Oft ☐ manchmal ☐ selten ☐ nie

e. *Andere (optional):* _____

☐ Oft ☐ manchmal ☐ selten ☐ nie

3.) Mit Hilfe welcher Kommunikationswege werden Informationen an einzelne Mitarbeiter weitergegeben?

a. Persönliche Einzelgespräche

☐ Oft ☐ manchmal ☐ selten ☐ nie

b. E-Mail

☐ Oft ☐ manchmal ☐ selten ☐ nie

c. Rundschreiben über spezifische Verteiler

☐ Oft ☐ manchmal ☐ selten ☐ nie

d. *Andere (optional):* _____

☐ Oft ☐ manchmal ☐ selten ☐ nie

4.) Sind Sie insgesamt mit den vom Management an die Mitarbeiter gerichteten Kommunikationswege und –instrumente sowie Informationsarten zufrieden?

☐ Zufrieden ☐ etwas zufrieden ☐ etwas unzufrieden ☐ unzufrieden

---

5.) Wünschen Sie sich einen häufigeren Einsatz eines bestimmten Instruments?

☐ Nein ☐ Ja

Wenn ja, welches? _____

Nun geht es um die Kommunikationsmöglichkeiten und –instrumente sowie Informationsarten, **die die Mitarbeiter nutzen** können, um **mit dem Management zu kommunizieren.** Bitte vergeben Sie je Kategorie (a,b,c, etc.) nur ein Kreuz.

6.) Mit Hilfe welcher Instrumente findet ein Austausch statt?

a. Präsenz des Managements bei Veranstaltungen

☐ Oft ☐ manchmal ☐ selten ☐ nie

b. Regelmäßige Umfragen

☐ Oft ☐ manchmal ☐ selten ☐ nie

c. Feedback-Schleifen

☐ Oft ☐ manchmal ☐ selten ☐ nie

d. *Andere (optional):* _____

☐ Oft ☐ manchmal ☐ selten ☐ nie

7.) Mit Hilfe welcher Instrumente kann dem Management Feedback gegeben werden?

a. E-Mail

☐ Oft ☐ manchmal ☐ selten ☐ nie

b. Intranet

☐ Oft ☐ manchmal ☐ selten ☐ nie

c. Klassisches betriebliches Vorschlagswesen

☐ Oft ☐ manchmal ☐ selten ☐ nie

d. *Andere (optional):* _____

☐ Oft ☐ manchmal ☐ selten ☐ nie

8.) Sind Sie insgesamt mit den Kommunikationsmöglichkeiten und –instrumenten sowie Informationsarten der Mitarbeiter an das Management zufrieden?

☐ Zufrieden ☐ etwas zufrieden ☐ etwas unzufrieden ☐ unzufrieden

9.) Wünschen Sie sich einen häufigeren Einsatz eines bestimmten Instruments?

☐ Nein ☐ Ja

Wenn ja, welches? _____

Nun geht es um die **bereichsübergreifenden Kommunikationsmöglichkeiten** und –instrumente sowie Informationsarten der Mitarbeiter innerhalb von Abteilungen und zwischen Bereichen. Bitte vergeben Sie je Kategorie (a,b,c, etc.) nur ein Kreuz.

10.) Mit Hilfe welcher Instrumente werden aufgabenbezogene Inhalte ausgetauscht und kommuniziert?

a. Datenbank
☐ Oft   ☐ manchmal   ☐ selten   ☐ nie

b. Intranet
☐ Oft   ☐ manchmal   ☐ selten   ☐ nie

c. Informationsmanagementsystem
☐ Oft   ☐ manchmal   ☐ selten   ☐ nie

d. Meetings
☐ Oft   ☐ manchmal   ☐ selten   ☐ nie

e. Besprechungen
☐ Oft   ☐ manchmal   ☐ selten   ☐ nie

f. *Andere (optional):* _____
☐ Oft   ☐ manchmal   ☐ selten   ☐ nie

11.) Wo können aufgabenbezogene sowie private Inhalte ausgetauscht werden?

a. Kaffee-Ecke
☐ Oft   ☐ manchmal   ☐ selten   ☐ nie

b. Open-Space-Meetings
☐ Oft   ☐ manchmal   ☐ selten   ☐ nie

c. *Andere (optional):* _____
☐ Oft   ☐ manchmal   ☐ selten   ☐ nie

12.) Mit Hilfe welcher Instrumente werden unternehmensbezogene Inhalte kommuniziert?

a. Unternehmensberichte
☐ Oft   ☐ manchmal   ☐ selten   ☐ nie

b. Unternehmenszeitschrift

☐ Oft   ☐ manchmal   ☐ selten   ☐ nie

c. *Andere (optional):* _____

☐ Oft   ☐ manchmal   ☐ selten   ☐ nie

13.) Sind Sie insgesamt mit den bereichsübergreifenden Kommunikationsmöglichkeiten und –instrumenten sowie Informationsarten zufrieden?

☐ Zufrieden ☐ etwas zufrieden ☐ etwas unzufrieden ☐ unzufrieden

14.) Wünschen Sie sich einen häufigeren Einsatz eines bestimmten Instruments?

☐ Nein   ☐ Ja

    Wenn ja, welches? _____

Sie haben es gleich geschafft. Eine letzte Frage noch für Sie:

15.) Gibt es Kommunikationswege oder Informationsarten, die bisher noch gar nicht genutzt werden und die Sie sich für die Zukunft wünschen würden? Wenn ja, benennen bzw. beschreiben Sie diese bitte genau:

_____

_____

Möchten Sie uns noch etwas allgemein zur Umfrage mitteilen, haben Sie Feedback für uns?

_____

_____

Herzlichen Dank für Ihre Teilnahme!

Ihre Personalabteilung

Literaturverzeichnis

Budischewski, K. (2013). *SPSS*. Studienbrief. SRH Fernhochschule, Riedlingen.

Budischewski, K. & Ornau, F. (2016). *Statistik*. Studienbrief. SRH Fernhochschule, Riedlingen.

Eckstein, P. P. (2016). *Angewandte Statistik mit SPSS. Praktische Einführung für Wirtschaftswissenschaftler* (8., überarbeitete und erweiterte Auflage). Wiesbaden: Springer Gabler. https://doi.org/10.1007/978-3-658-10918-9

Flick, U. (2000). *Qualitative Forschung. Theorie, Methoden, Anwendung in Psychologie und Sozialwissenschaften* (Rororo Rowohlts Enzyklopädie, Bd. 55546, Orig.-Ausg., 5. Aufl.). Reinbek bei Hamburg: Rowohlt-Taschenbuch-Verl.

Hollenberg, S. (2016). *Fragebögen. Fundierte Konstruktion, sachgerechte Anwendung und aussagekräftige Auswertung* (essentials). Wiesbaden: Springer VS. Verfügbar unter http://www.springer.com/

Janczyk, M. & Pfister, R. (2015). *Inferenzstatistik verstehen. Von A wie Signifikanztest bis Z wie Konfidenzintervall* (Springer-Lehrbuch, 2., überarbeitete und erweiterte Auflage). Berlin: Springer Spektrum. https://doi.org/10.1007/978-3-662-47106-7

Linke, R. (2018). *Mitarbeiterbefragungen optimieren. Von der Befragung zum wirksamen Management-Instrument*. Wiesbaden: Springer Gabler. https://doi.org/10.1007/978-3-658-17722-5

Mayer, H. O. (2013). *Interview und schriftliche Befragung. Grundlagen und Methoden empirischer Sozialforschung* (Sozialwissenschaften 10-2012, 6., überarb. Aufl.). München: Oldenbourg. Verfügbar unter http://www.oldenbourg-link.com/isbn/9783486706918

Messer, M. & Schneider, G. (2019). *Statistik. Theorie und Praxis im Dialog* (1st ed. 2019). Verfügbar unter https://doi.org/10.1007/978-3-662-59339-4

Porst, R. (2014). *Fragebogen. Ein Arbeitsbuch* (Lehrbuch, 4., erweiterte Auflage). Wiesbaden: Springer VS.

Schäfer, T. (2011). *Statistik II. Inferenzstatistik* (1. Aufl.). Wiesbaden: VS-Verl.

Schäfer, T. (2016). *Methodenlehre und Statistik. Einführung in Datenerhebung, deskriptive Statistik und Inferenzstatistik* (Basiswissen Psychologie, 1. Aufl. 2016). Wiesbaden: Springer. https://doi.org/10.1007/978-3-658-11936-2

Statistik am PC (Autor). (2017). *Chi-Quadrat-Test in SPSS durchführen - Daten analysieren in SPSS*. Youtube.com. Verfügbar unter https://www.youtube.com/watch?v=DU2Tk2n_chA

Unsplash.com. Zugriff am 07.12.2019. Verfügbar unter https://unsplash.com/photos/JYGnB9gTCls

BEI GRIN MACHT SICH IHR WISSEN BEZAHLT

- Wir veröffentlichen Ihre Hausarbeit, Bachelor- und Masterarbeit

- Ihr eigenes eBook und Buch - weltweit in allen wichtigen Shops

- Verdienen Sie an jedem Verkauf

Jetzt bei www.GRIN.com hochladen und kostenlos publizieren